1929 17e Cahier

CAHIERS
DE LA
SOCIÉTÉ DE GÉOGRAPHIE
DE HANOI

MONOGRAPHIE DE HAINAN

Conférence faite le 10 décembre 1928 à la Société de Géographie de Hanoi.

par

M. SAVINA
Missionnaire apostolique.

HANOI
MCMXXIX

Monographie de l'Ile de Hainan.

L'île de *Hainan* dont le centre est exactement situé par le point de rencontre du 108° de longitude Est de Paris et du 19° de latitude Nord, est la pointe extrême-sud du vaste territoire chinois. Le méridien de Hainan passant par *Lâm-Co*, au nord, la montagne, dite des *Cinq-doigts*, au centre, et le port de *Yu-lin-cang*, au sud, divise l'île en deux parties égales.

Séparée du continent par le détroit de *Hainan*, large de 40 à 60 kilomètres, cette île fait partie de la province chinoise du *Kouangtoung* ; sa superficie est de 37 à 38.000 kilomètres carrés, et sa population de 2.000.000 d'habitants environ, appartenant à différentes races, parlant des langues différentes et inégalement réparties sur la surface de l'île.

Les *Hoklo*, au nombre de 1.500.000, occupent le nord-est et toutes les côtes de l'île ; les 400.000 *Ong-Bè*, (tribu *Taï*), sont aujourd'hui groupés dans le nord-ouest ; les *Hiai-ào*, ou *Đai-ào*, qui sont les autochtones de l'île, qu'ils prétendent avoir jadis occupée toute entière, sont campés actuellement, au nombre de 200.000 environ, sur les montagnes du centre, où leurs voisins les ont refoulés progressivement. Le nombre des *Mans*, venus des *Cent-Mille-Monts*, sur le continent, il y a seulement quelques générations, ne dépasse pas 5 ou 6.000 Ils se sont installés dans le massif central, au milieu des *Hiai-ào*, avec lesquels ils font bon ménage. Les uns et les autres détestent également les Chinois (*Hoklo*), et s'entendent à merveille pour déboiser les montagnes.

Les *Hak-ka* et les *Pékinois*, descendants d'anciens colons ou d'anciens exilés, sont encore moins nombreux. J'ai rencontré quelques villages *Hak-ka*, au sud de la rivière de *Cachek*, dans la sous-préfecture de *Lộc-Hui*, et un groupement de Pékinois, près de *Xô-Đôa*, sur le haut *Kim kiang*, rivière de *Hoihao*.

Quant aux *Malais*, qui sont venus s'échouer sur la côte sud, on ne sait quand ni comment, ils sont encore moins nombreux, ils ne comptent en effet que 400 familles groupées dans le village de *Sama-Cai*, à 6 ou 7 kilomètres à l'ouest de *Sama Công*. Ils sont tous mahométans. Les quelques *Annamites* égarés sur la côte ouest, et la côte sud, ne sont plus reconnaissables entre les *Hoklo* et les *Ong Bè*, avec lesquels ils ont fusionné et dont ils parlent les langues.

Enfin, l'administration civile et militaire de l'île est aujourd'hui entre les mains de quelques centaines de *Cantonnais*, auxquels il convient de joindre quelques autres centaines de commerçants de même race. Leur langue est devenue la langue officielle de toute l'île, à l'exception pourtant du centre où les Chinois, soit *Hoklo*, soit *Cantonnais*, n'ont jamais pu pénétrer. Les habitants du massif central sont encore indépendants, et les autochtones continuent à parler la langue que parlaient leurs ancêtres il y a deux mille ans, quand les Chinois débarquèrent pour la première fois pour entreprendre la conquête de l'île.

Ce débarquement eut lieu sur la côte nord, vers le commencement de notre ère, en l'an 110, s'il en faut croire les Annales chinoises. Une première rencontre eut lieu à cette occasion, près de *Làm Cò*, entre les nouveaux débarqués et les autochtones, et dans laquelle ces derniers eurent le dessous.

Une question aussi intéressante que troublante se pose ici. Quels étaient ces autochtones? les Annales chinoises ont oublié de nous le dire. Ce qui est certain, c'est qu'il y avait déjà des *Hiai-ào* dans l'île à cette époque lointaine. La tradition et l'histoire ne laissent place à aucun doute à ce sujet. Mais y avait-il aussi en ce moment des groupements de race *Tai* et de race *Annamite*? La tradition et l'histoire sont muettes là-dessus. On sait pourtant que les *Tai* et les *Annamites* (1) occupaient déjà le Sud de la Chine, le *Nan-ué*, quand les

(1) Les Kiao-chi d'où les noms de giao-chi et de kèo donnés aux Annamites.

Chinois en entreprirent la conquête au deuxième siècle avant notre ère. Ces deux races n'étaient-elles pas aussi à cette époque représentées par quelques groupements dans le nord de l'île de *Hainan*, dont les côtes sont visibles du Continent? Ces populations, vivant surtout de pêche et de chasse, les deux industries les plus anciennes du monde, devaient se déplacer facilement, et il serait extraordinaire qu'elles n'aient pas franchi l'étroit détroit de Hainan avant l'arrivée des Conquérants Chinois. En plus de cela, l'arrivée des Chinois dans le *nan-ué*, n'aurait-elle pas eu pour effet de pousser les Tai et les Annamites du sud du Continent à fuir l'invasion et à chercher un refuge dans l'île voisine?

Aucun texte ne permet de répondre affirmativement à ces questions. J'ai cru pourtant pouvoir opiner dans le sens de l'affirmative en me basant sur la linguistique. L'étude comparée du *Tai* du Continent, de la langue *Annamite* et de celle des *Ong-Bê* telle qu'elle est parlée actuellement dans le Nord-Ouest de l'île, permet de faire des rapprochements intéressants, et de découvrir des analogies frappantes entre ces trois langues.

Les *Hiai-ao* eux-mêmes, dont la langue est pauvre, ont fait des emprunts aux *Ong-Bê*, mais cette constatation ne peut résoudre le problème, car on ignore à quelle époque remontent ces emprunts. Il est facile de voir tout de même que ces emprunts ne datent pas de hier, car quelques-uns des termes communs aux deux langues sont de l'ordre des primitifs. Quant à l'hypothèse, de croire que ce sont les *Ong-Bê* qui ont emprunté aux *Hiai-ào*, elle est insoutenable pour la simple raison que les termes en question sont également employés par les *Tai* du Continent et même parfois par les *Annamites*.

Bref, sans vouloir essayer d'éclaircir davantage ces questions qui appartiennent plutôt à la préhistoire, je me contente de renvoyer le *lecteur* aux tableaux comparatifs qui accompagnent mes récents travaux sur les langues de Hainan, et dont les manuscrits ont été déposés à l'Ecole Française d'Extrême-Orient à Hanoi.

M. Maspéro, l'ancien éminent professeur de chinois à cette même école, avait déjà prévu ces questions que je viens de poser. « Je suis persuadé, me disait-il un jour, qu'une étude sérieuse dans l'île de Hainan, faite par une personne compétente, conduirait à des découvertes intéressantes concernant les Tai et les Annamites d'avant notre ère ». Il y a 15 ans de cela, et à ce moment, on ne savait encore rien ni de la race des *Hiai-ào*, ni de leur langue ; on savait vaguement qu'il y avait une tribu *Tai* dans l'île, mais on ignorait le dialecte qu'elle parlait. Aussi ai-je fort étonné les Européens habitant actuellement Hainan quand je leur ai dit en 1925 qu'il y avait au moins 400.000 *Thô* ou *Tai* dans le Nord-Ouest de l'île, et que je me faisais fort de me faire comprendre d'eux, en me servant de la langue *Tai* parlée sur le Continent ; l'expérience réussit parfaitement et me donna raison. Quant à la langue des *Hiai-ào*, elle était parfaitement ignorée du reste du monde avant mon arrivée dans l'île. Il en sera (longuement) question plus loin. En attendant, revenons aux Chinois que nous avons vus débarquer dans l'île, en l'an 110, et défaire les aborigènes dans un combat livré près de *Làm-cò*.

Ces nouveaux venus ne tardèrent pas à se grouper autour de l'estuaire du fleuve appelé aujourd'hui *kim-kiang*, ou le fleuve de l'or, qui assurait leurs communications avec la mer en même temps qu'avec l'intérieur. Ils y bâtirent une ville qu'ils appelèrent *khiòng-chàu* ou *khiòng-san*, qui devint leur capitale, et qui est encore aujourd'hui la capitale de l'île, sous le nom de *Phû sing* en cantonnais et *Phũ lèa*, en hoklo, mais une capitale toute démodée, toute vermoulue, et qui ne se relèvera plus jamais de ses ruines. C'est *Hoi-hao*, ville située à l'embouchure même du fleuve *Kim kiang*, qui est la vraie capitale actuelle de l'île.

De l'estuaire de ce fleuve, les conquérants, les uns s'adonnant à l'agriculture, se répandirent dans les plaines volcaniques aux terres rouges qui s'étendaient devant eux au Sud, à l'Est et à l'Ouest, refoulant progressivement les autochtones *Hiai-ào* vers le massif central ; d'autres, préférant la pêche aux travaux des champs, explorèrent peu à peu toutes les côtes de l'île, les golfes, les abris, les baies, les lagunes, les embouchures des fleuves, et finirent par s'y installer, et y sont encore aujourd'hui. C'est ainsi que les autochtones furent parqués par les envahisseurs dans les montagnes du centre où ils n'ont pas été inquiétés jusqu'à présent. Mais tout cela ne se fit pas en un jour ni en un siècle, car les *Hiai-ào* n'étaient pas gens à se laisser exproprier sans se défendre. Par ailleurs, son climat humide, chaud et malsain, son terrain ingrat, sa situation excentrique, ont de tout temps valu à l'île de Hainan une mauvaise réputation auprès des Chinois. Pour arriver à la peupler, ils en firent un lieu de déportation, où ils envoyèrent, à différentes reprises, tous les indésirables et toutes les troupes indisciplinées dont ils voulaient se défaire, et ce procédé est encore en vigueur aujourd'hui, ce qui paraît tout naturel aux hainannais, descendants d'anciens déportés.

Bref, la Chine a toujours considéré Hainan comme un dépotoir, un exutoire, un *refugium peccatorum*, et comme une quantité négligeable. Il y a quelques années à peine, le père de la Révolution chinoise, *Sun Yat Tsen*, a voulu la céder (lisez vendre) à une Puissance étrangère que je pourrais nommer, pour la modique somme de 14 millions de dollars! C'est peut-être à cause de cela que l'on vénère aujourd'hui son portrait dans toutes les maisons de l'île!

On voudra bien me permettre de rapporter ici une anecdote amusante au sujet de ce triste personnage. Je me rendais un jour en autobus, en compagnie de quelques Hainannais, chez des amis *Ong-Bè* du côté de *Làm-cò*. C'était quelque temps après la regrettable échauffourée des Annamites à Haiphong, qu'on a appelée les « *Vêpres Haiphonnaises* ». Mes compagnons de route en parlaient entre eux avec animation, tout en me lançant des regards peu rassurants. Tout à coup, l'un d'eux sortit de sa poche un portrait de *Sun-Yat-Tsen* et me le posa insolemment devant les yeux en me demandant si je le connaissais. Parbleu, si je le connais, répondis-je! C'est mon ami; nous avons mangé souvent ensemble à l'époque où il était exilé à *Ò-mun* (Macao). Il me disait bien alors qu'il se vengerait un jour, mais je n'aurais jamais cru qu'il eut osé se rendre coupable des massacres cruels dont vous venez de causer. On arrivait justement en ce moment au village de Nò-Liu, où je devais descendre, et m'empressai de disparaître avant que mes compagnons eussent eu le temps de se remettre de leur ébahissement.

Aujourd'hui, l'île de Hainan, après avoir été mise à feu et à sang, ces dernières années, par des bandes communistes ou bolchévistes, semble sortir de sa torpeur et prendre conscience d'elle-même. Les descendants des anciens déportés sont devenus tout d'un coup des nationalistes à outrance et des xénophobes à tous crins. Tout le monde sait, en effet, que le prétendu patriotisme chinois n'est que de la pure xénophobie sous le couvert de nationalisme. Le mot d'ordre est : la Chine aux chinois ; l'étranger quel qu'il soit, voilà l'ennemi !

Nous autres, Européens, nous n'avons pas le droit de nous étonner outre mesure de cet état d'esprit, car c'est nous qui l'avons créé. Les nations chrétiennes ont failli à leurs devoirs et à leurs vocations, en exploitant la Chine, en abusant de sa faiblesse, au lieu de la civiliser quand cela leur était relativement facile. On ne peut pas prévoir encore aujourd'hui tous les résultats néfastes de cette politique d'accaparement et d'égoïsme. Personnellement, je ne puis pas blâmer la Chine d'en vouloir à l'étranger en général. Son seul tort est d'englober dans la même haine tous les étrangers, sans distinction de personnes et de nationalités. Il est fort regrettable, par exemple, de voir des braves chinois oublier les services rendus à leur pays par certains étrangers, pour ne se rappeler que les torts causés par certains autres. Rien de plus injuste, par exemple, que de mettre dans la même balance, le dévouement désintéressé d'une religieuse recueillant des orphelins ou soignant des malades, et l'esprit de lucre éhonté d'un marchand d'opium. C'est pourtant ce qui arrive. Les tristes événements qui se sont déroulés l'année dernière, à *Amoy* et à *Hoihao*, en sont la preuve. Le lâche assassinat du R. P. Nogue dans Hainan, la même année, en est une autre preuve.

J'ai été témoin de ces deux derniers faits, et j'ai été moi-même menacé plus d'une fois.

A part cela, je trouve naturel et légitime que les Chinois désirent de plus en plus se passer des étrangers, se libérer de la tutelle des Puissances, et être maîtres chez eux.

C'est pour atteindre plus vite ce but qu'ils se livrent avec ardeur, d'un bout de la Chine à l'autre, à l'étude des sciences occidentales, et que plusieurs centaines et même plusieurs milliers de jeunes gens ne craignent pas de s'expatrier chaque année pour aller en Amérique et en Europe s'initier au secret des progrès modernes.

Les Hainannais n'entendent pas être en retard sur leurs compatriotes du continent sous ce rapport, et se modernisent tous les jours de plus en plus. La ville de Hoihao, l'orgueil de l'île, ne cesse de se transformer et de s'embellir continuellement. Elle possède aujourd'hui, bureau de postes et télégraphes, téléphone, électricité, télégraphie sans fil, avions, puits artésiens, larges boulevards bordés de magasins et d'hôtels du plus pur moderne style, et sillonnés nuit et jour par de nombreux autos. Elle est reliée à l'ancienne capitale Khiông châu et à tout le nord de l'île par des services réguliers d'automobiles, qui tendent de plus en plus à remplacer les squelettiques équipages d'antan et les brouettes légendaires.

Sa population, qui augmente tous les jours, est actuellement de 60.000 âmes environ, en comptant les faubourgs, en dehors des anciens remparts aujourd'hui démolis. Je dis 60.000 âmes environ, car on n'en a jamais fait le recensement et personne n'en connait le chiffre exact.

Un soir que j'assistai à un dîner offert par la municipalité en l'honneur des officiers de la garnison nouvellement arrivés de Canton, ces derniers me demandèrent combien il y avait d'habitants à Hoihao. Je répondis que je n'en savais rien, et qu'il fallait plutôt demander cela au Maire de la ville. Ce dernier, qui se trouvait de l'autre côté de la table, me jeta un regard suppliant que je compris aussitôt, et je répondis au hasard, que d'après le dernier recensement fait par

M. le Maire, Hoihao comptait 60.000 habitants, et M. le Maire ne perdit pas la face !

Ce qui est vrai de Hoihao, l'est également de toute l'île, dont personne ne connaît le nombre exact d'habitants. Après l'avoir parcourue dans tous les sens, je crois ne pas me tromper de beaucoup en évaluant sa population à deux millions ou deux millions et demi tout au plus, soit une densité moyenne de 60 habitants par kilomètre carré. Nous sommes loin des chiffres fantaisistes de 6 ou 7 millions donnés par quelques auteurs.

Le port de Hoihao est actuellement le seul port de l'île fréquenté par les bateaux étrangers. Le mot port est ici un pur euphémisme, tout au plus pourrait-on employer le mot rade. Les navires de tout tonnage sont, en effet, obligés de mouiller, en pleine mer, exposés aux courants et aux vents du détroit de Hainan. Six ou sept kilomètres séparent ce mouillage des quais, auxquels on accède par un bras du fleuve Kim-kiang praticable aux sampans seulement ; encore ces derniers sont-ils obligés d'attendre la marée pour entrer ou pour sortir.

L'embarquement et le débarquement souffrent beaucoup de cet état de choses, et les sampaniers chinois ne se font pas scrupule d'abuser parfois de la situation. C'est ainsi qu'ils m'ont obligé une fois à leur remettre la somme de quinze piastres indochinoises pour me conduire du bateau aux quais, ce qui faisait près de trois piastres par kilomètre !

Il a été plusieurs fois question de remédier à ces inconvénients, soit en draguant le lit du fleuve, soit en creusant un chenal à travers les dunes de sable vaseux qui le bordent, mais ces projets n'ont jamais reçu un commencement d'exécution.

On a également envisagé, il y a une quinzaine d'années, la création d'un nouveau port dans la baie de *Pochin*, située sur le même détroit à quinze kilomètres à l'est de Hoihao. Les plans, dressés par des spécialistes étrangers sur la demande du gouvernement chinois, ont été envoyés à Pékin, où ils dorment encore dans les cartons et dont ils ne sortiront probablement jamais.

L'année dernière, enfin, avec l'actif gouverneur militaire actuel de l'île, le Général Gaston Khiong Wong, la question de l'aménagement d'un port à Hoihao fut de nouveau mise sur le tapis. Ce dernier, rejetant les projets antérieurs, proposa la construction d'une large digue, avec voie Decauville, reliant les quais au mouillage actuel des bateaux. Il fit appel pour cela à des ingénieurs Hollandais spécialisés dans ces genres de travaux, et qui avaient déjà travaillé dans le port de Macao pour le compte du Gouvernement portugais.

Ces derniers optèrent pour la construction de la digue envisagée par le Général, et projetèrent en plus la création d'un bassin à l'extrémité de cette digue. Ce bassin servirait de mouillage assuré par tout temps et à toute heure de la journée aux sampans qui assurent les embarquements et les débarquements, ainsi qu'aux embarcations de la Douane et de la Poste. Leurs plans, que j'ai eus en mains, ont été approuvés par le Gouvernement Chinois, et les travaux doivent être mis à exécution sans tarder. Les dépenses assez élevées qu'ils nécessiteront, près d'un million de piastres, seront prélevées sur les recettes de la Douane, et partagées en plusieurs annuités.

Tous les marins qui fréquentent ces parages, et ils sont nombreux, seront enchantés de cette amélioration. Plus de 500 navires de tout tonnage et de toute nationalité, assurant un service régulier entre Hong-Kong, Quang-tchâu-Wan, Pachoi, Haiphong et les côtes d'Annam, ou transportant des coolies sur Bang-Kok, Singapour et les Indes Néerlandaises, font escale à Hoihao chaque année.

Le mouvement de ce port ne peut d'ailleurs qu'augmenter, car les importations et les exportations de l'île de Hainan se développeront naturellement grâce à l'ordre et à la tranquillité que le Général Wong a su y faire rétablir. Hoihao étant le seul port de l'île fréquenté par les bateaux, comme nous l'avons dit, est destiné par le fait même à approvisionner toute l'île en denrées de toutes sortes.

Les anciennes ruelles étroites de la ville disparaissent de jour en jour pour faire place aux nouveaux boulevards, et sur l'emplacement des vieilles boutiques enfumées, on voit s'élever des grands magasins en ciment armé, bondés de marchandises venant de tous les pays du monde, et en particulier du Japon, de l'Angleterre, de l'Amérique et de l'Allemagne. La France n'y exporte guère que des vins fins, des liqueurs et du champagne, dont tous les hôtels modernes sont amplement pourvus.

De l'Indochine et du Tonkin il n'y vient guère que du riz et du ciment dont les Chinois ont de plus en plus besoin pour leurs nouvelles constructions, encore ce dernier produit y est-il concurrencé par le ciment de provenance siamoise. Notre régime douanier rebute tous les commerçants chinois.

Tout le réseau routier du nord de l'île, est sillonné par des autos transportant, pêle-mêle, voyageurs et marchandises à tous les marchés de l'intérieur. Des services réguliers et quotidiens d'automobiles relient aujourd'hui Hoihao à *Làm-cô*, *Nô-doa* et *Pha-hi* à l'ouest, à *Tingan* et *Lèa-mui*, au sud, à *Vun-siò*, *Cachek* et *Vanning*, à l'est.

Dans deux ans, c'est-à-dire, en 1930, on pourra faire le tour de l'île en automobile. Cette route automobilable longera les côtes est, sud et ouest, et mettra le fameux port du *Yu-lin-cang* à un jour de Hoi-hao. Nous aurons occasion de reparler de ce port dont les Chinois rêvent de faire un port de guerre.

Il est même question de relier le nord au sud par une voie ferrée longeant le massif central par l'ouest. Cette voie partirait de *Hoi-hao*, et aboutirait à *Yu-lin-cang*, en passant par *Làm-cô*, *Nô-doa*, *An-lộc*, *Ngai-châu*, et *Sama*. La ville de *An-lộc* est située au sud-ouest du riche et populeux plateau de même nom, arrosé par de nombreux cours d'eau qui alimentent le fleuve de l'ouest, ou la rivière de *Chang-pha* le fleuve le plus important de l'île, et dont il est question d'améliorer le cours pour desservir le plateau en question, et permettre l'exploitation des richesses forestières du centre, avant qu'elles ne soient complètement détruites par les *Hiai-ao* et les *Mán*.

Ce tracé me paraît avantageux à plus d'un point de vue, mais il a le grand inconvénient d'être trop long, et c'est dans l'espoir d'en découvrir un plus court, que le Général Gaston K. Wong et moi, avions entrepris, l'année dernière, l'exploration du massif central de l'île. Nous aurons à revenir plus loin sur ce voyage. Je me contenterai de dire ici que c'était la première fois qu'un européen et une troupe chinoise (nous avions 150 soldats) traversaient l'île en passant par le centre, au milieu de peuplades indépendantes et inconnues.

On peut voir par ce qui précède, que la ville de Hoihao, malgré sa position excentrique au nord de l'île, sur le détroit de Hainan, ou plutôt, à cause de cette position même, est le centre autour duquel gravite toute la vie économique de l'île. Tous les habitants de Hainan connaissent Hoihao, comme tous les Français connaissent Paris. Elle n'est pas même inconnue des aborigènes indépendants du massif central, du moins de nom. C'est à Hoihao qu'ils font conduire leurs troupeaux de buffles, de bœufs, de porcs, et de chèvres, mais sans s'y rendre eux-mêmes. Ils sont certains de trouver aux pieds de leurs montagnes des marchands chinois toujours à l'affût pour acheter tout leur bétail à bon marché.

Les mercantis annamites n'agissent pas de façon différente à l'égard des *Mèo* de la haute région du Tonkin, quand ces derniers vont chercher du sel aux marchés environnants, une fois par an, ordinairement en hiver ; presque tout le bétail qui descend de la montagne est vendu à vil prix en cours de route. C'est toujours le plateau qui enrichit la plaine par des alluvions de toutes sortes !

Aussi, l'ancienne Capitale *Khiòng Châu* est-elle complètement éclipsée aujourd'hui et pour toujours par sa voisine moderne, qui n'était au temps jadis que son modeste avant-port, et plus ou moins aussi, un repaire de contrebandiers, de pirates et de corsaires. Sa ceinture de remparts crénelés qui lui donnait un air de forteresse dominant la plaine des tombeaux, a été démolie en partie et ses pierres ont été employées à des constructions diverses ; ce qui en reste encore debout a été envahi peu à peu par la brousse. Ses ruelles étroites bordées de maisons et de pagodes en ruines ne sont plus fréquentées que par quelques écoliers et quelques soldats. Ces derniers ont été installés dans de vieilles pagodes restaurées tant bien que mal, et transformées en casernes du jour au lendemain. Tel a été d'ailleurs le sort de la plupart des pagodes, non seulement de Hainan, mais de toute la Chine depuis la dernière révolution, bonzes, bonzesses et bonzillons ont été mis à la porte *manu militari* pour céder la place aux soldats, aux miliciens, aux policiers et aux mandarins du nouveau régime.

Il en a été de même, ces dernières années, de plusieurs chapelles catholiques et temples protestants. Ainsi, quand, en 1926, j'ai voulu aller m'installer à *Khiong-châu*, où la Mission Catholique possède une petite chapelle, j'ai trouvé cette dernière transformée en dortoir par les soldats; l'autel même servait de lit de camp à l'un d'eux, à leur chef probablement. A force de démarches auprès des autorités, on finit bien par les déloger, mais en s'en allant, ils emportèrent avec eux les portes et les fenêtres dont ils firent des couchettes dans une pagode voisine. Cette même année, les militaires occupaient trois autres chapelles catholiques et deux temples protestants dans Hainan.

La ville la plus importante de l'île, après Hoihao, est celle de *Cachek* dans la sous-préfecture de *Lộc-Hui* sur la rivière qui porte son nom, et à une quinzaine de kilomètres de son embouchure. Elle est reliée par des services réguliers d'automobiles, à *Hoi-hao*, *Ting-an* et *Vun-siô*, au nord et au nord-ouest, et à *Van ning*, au sud. En outre, les plus grosses jonques remontent la rivière jusqu'à *Cachek*, ce qui lui permet de ravitailler toutes les populations échelonnées le long des côtes de l'est et du sud de l'île, en marchandises diverses qui lui arrivent de *Hoi-hao* par les autos.

Elle expédie en retour sur *Hoi-hao* du riz, des noix de coco, du poisson salé, des noix d'arec et surtout du sel provenant du sud de l'île.

Elle est concurrencée dans ce trafic par le port de *Chin-lân* situé à 80 kilomètres plus au nord, à l'embouchure de la rivière de *Vun-siò*.

La ville de *Vun-siò*, le plus important marché de la région, nord-est de l'île, est la résidence d'un sous-préfet. Les habitants de cette sous-préfecture sont réputés dans toute l'île par leur avarice et leur turbulence. Ils sont aussi très commerçants. Les plus grands magasins de Hoi-hao sont leurs propriétés. Le commerce local ne leur suffisant pas, ils émigrent volontiers à l'étranger. Sur les 25 ou 30.000 Hainannais quittant l'île chaque année, il y a bien 20.000 qui sont de *Vun-siò*. Ils vont de préférence à *Bang-kok* et à *Singapour*, où ils ont essayé de fomenter des troubles ces derniers temps.

Il y a aussi beaucoup de Vunsionnais à *Saigon*, où ils sont réputés comme bons cuisiniers. A Hainan, ils sont surtout réputés comme communistes et bolchévistes. Tous les chefs communistes de l'île sont censés être recrutés parmi eux. Les élèves de leurs écoles, des gamins et des gamines de 14 à 15 ans se sont rendus tristement célèbres, ces dernières années par les horreurs qu'ils ont commis. On parle de 10.000 tués et d'autant de maisons brûlées. Ces gamines dévergondées, à cheveux courts, et à la « tête carrée », comme disait le Général Gaston Wong, font penser naturellement à nos pétroleuses de Paris pendant la Commune. C'est dans cette sous-préfecture que le R. P. Nogue, a été traitreusement massacré au commencement de l'année dernière.

La ville de *Ting-an*, résidence d'un sous-préfet, doit son importance à la position avantageuse sur le fleuve *Kim-kiang*, à 80 kilomètres au sud de Hoi-hao. Elle expédie, par sampans, sur cette dernière ville, tout le bétail et tous les produits des régions environnantes. Le bétail, provenant surtout du massif central, est embarqué pour Hongkong en rade de Hoi-hao.

Le Kim-kiang est actuellement le fleuve le plus fréquenté de l'île ; d'un bout de l'année à l'autre, il est sillonné constamment par des jonques qui le remontent ou le descendent. Ces jonques voyagent toujours par groupes de 4, 5 ou même 10 ou 15 à la fois, de manière à pouvoir résister aux pirates en cas d'attaque, ce qui arrive assez souvent. La nuit, elles jettent toutes l'ancre l'une à côté de l'autre au milieu du fleuve pour se mettre à l'abri de tout coup de main.

Les montagnes dans lesquelles ce fleuve prend sa source sont célèbres dans les Annales de la Chine pour leurs mines d'or qui ont été exploitées de temps immémorial par les aborigènes Hiai-ao, et l'or qu'ils en extrayaient leur servait d'échange dans leur commerce avec les chinois. L'Empereur Khang-hi défendit à ses sujets, je ne me rappelle plus pour quelle raison, de se livrer à ce commerce avec ces aborigènes. Quoiqu'il en soit, c'est à ces gisements aurifères que ce fleuve doit son nom, Kim-kiang veut dire, en effet, fleuve de l'or.

La ville de *Làm cô* située à 100 kilomètres environ, à l'ouest de Hoi-hao, résidence d'un sous-préfet, est la capitale des *Ông-Bè* ou Thai de l'île. Elle est reliée à Hoi-hao par un service régulier d'automobiles, et on travaille actuellement à prolonger ce service jusqu'aux salines et ports de pèche des côtes de l'ouest.

Ces quelques pages ne nous renseignent que sur le nord de l'île : il nous reste encore à faire connaissance avec le centre et les côtes. Parlons d'abord de ces dernières, en commençant par celles de l'est dont nous connaissons déjà deux ports, celui de *Chìn-làn* et celui de *Cachek*, et qui sont aussi les plus importants. Celui de *Vanning*, situé plus au sud, dans le large estuaire de la rivière de même nom, n'exporte qu'un peu de sel et de poissons salés.

Les côtes du sud comprennent deux sous-préfectures, celle de *Ling-sûy*, à l'est, et celle de *Ngai-châu* à l'ouest. Les côtes de la première sous-préfecture sont à peu près désertes. L'embouchure de la rivière de *Linh-sûy* est obstruée par des rochers et des bancs de sable. Aucun des ilots que l'on aperçoit à quelque distance en mer n'est habité.

Ces parages offrent cependant deux bons mouillages, celui de *Nam-hoi-Achun*, à l'est, bien abrité derrière le cap *Ma-lac-tao*, avec des profondeurs de 10 à 30 brasses, et celui de la lagune de *Tchu-chi*, à l'ouest, dont l'entrée présente des fonds de 5 à 15 brasses. Cette lagune pleine de bateaux de pêche et de jonques, sert de port à la vallée de *Ling-süy*; 15 kilomètres la séparent de la ville de même nom.

C'est là que nous nous sommes embarqués, après notre traversée de l'île sur un petit vapeur à distination de *Chin làn* dont nous avons parlé plus haut. Durée de la traversée, de 8 h. du matin à 11 h. du soir. Cette lagune est fréquentée par de grosses jonques qui font le commerce de riz et de noix de coco; elles sont toutes armées (à cause des pirates que l'on peut toujours rencontrer dans toutes les mers de Chine, et le long de toutes les côtes de Hainan en particulier) et elles saluèrent notre arrivée et notre départ de bruyantes salves d'artillerie. Toute la basse vallée de *Ling-süy* n'est qu'une immense forêt de cocotiers, abritant des villages populeux et coquets. Sans cesse battus des vents du large, ceux d'entre eux qui se trouvent à proximité de la mer poussent dans tous les sens, dans toutes les positions, les troncs enchevêtrés les uns dans les autres, et se soutenant mutuellement contre la tempête. Plusieurs ont la moitié de leurs racines en l'air. On dirait une bande d'ivrognes qui se donnent tous les bras pour ne pas choir par terre.

Les noix de coco qui partent delà pour Hoihao, sont artistement travaillées dans cette dernière ville. Les services à liqueurs, à thé, à café en noix de coco de Hoihao, sont aujourd'hui connus dans tout l'Extrême-Orient. On en a pu voir des spécimens à la dernière foire de Hanoi, où ils ont obtenu le plus grand succès. Les plages du sud de Hainan, formées d'un sable fin provenant des débris de coquillages, de coraux de toutes sortes, sont éblouissantes de blancheur. Rien de délicieux et de délicat comme ses polypiers ou madrépores. Ce sont des amas de cellules géométriques pareils, les uns, à des arbustes de pierre, les autres à des

Rue de Hoihao pavoisée.

Port de Yu-Lim-Kang, au Sud de l'île.

tuyaux d'orgue. Plusieurs imitent encore les formes de rayons de miel, de champignons et de têtes de choux-fleurs. Les cauris et les coquilles d'huîtres abondent dans ces parages. Les Annales chinoises parlent des huîtres perlières du sud de l'île de Hainan.

Les bandes communistes chassées du nord de l'île, en 1927, se sont réfugiées dans ces belles régions qu'elles ont complètement dévastées, saccajant, brûlant, massacrant tout ce qu'elles trouvaient.

Les côtes de la sous-préfecture de *Ngai-châu*, offrent un bon mouillage dans la baie de *Goa-long* avec des fonds de 20 brasses, et deux ports, celui de *Yu-lin-cang* et celui de Sama.

Yu-lin-cang est le seul port naturel de l'île. Les chinois comme je l'ai déjà dit, rêvent d'en faire un port de guerre. La rade extérieure d'une superficie de près de 20 kilomètres carrés a une profondeur moyenne de 15 à 20 brasses. Elle communique avec une rade intérieure par un goulet large d'une centaine de mètres seulement et profond de 5 brasses. Cette rade intérieure est également très vaste, mais elle n'offre malheureusement que des fonds de 4 à 5 brasses. Il existe des salines importantes au fond de la rade. A 4 kilomètres plus loin se trouve un important gisement de fer, que les indigènes appellent la « montagne de fer, » et aux pieds de laquelle il y a un grand village *Hiai-ao*, dont les habitants offrent une frappante ressemblance avec les Annamites. Serions-nous ici en présence d'une ancienne colonie de pêcheurs annamites, dont les descendants auraient oublié la langue de leurs pères pour parler celle de leurs voisins? C'est bien possible; 300 kilomètres à peine séparent *Yu-lin cang* des côtes d'Annam. Je serai plutôt porté à croire qu'ils viennent du nord-ouest de l'île, peuplé de Thai, comme on sait, car j'ai trouvé dans leur langue plus de mots thai que j'en ai trouvés dans la même langue parlée au centre de l'île. Ils auraient donc fui l'invasion chinoise dans le nord.

Quoi qu'il en soit, ils ont complètement oublié la langue annamite, ce qui n'a d'ailleurs rien d'étonnant. Les langues non écrites s'oublient vite, et, comme je l'ai dit dans mon histoire des Miao, les peuples qui parlent aujourd'hui des langues empruntées sont plus nombreux que ceux qui parlent leurs langues maternelles.

On connaît bien le nombre de langues mortes écrites, comme le latin et le grec, mais on ignore complètement le nombre des langues mortes non écrites, et qui ont disparu pour toujours sans laisser aucune trace. C'est probablement le sort qui attend la langue Hiai-ao, qui n'est plus parlée nulle part au monde en dehors des montagnes de l'île de Hainan. Dans un avenir plus ou moins prochain, la race Hiai-ao perdra son indépendance, et à partir de ce jour sa langue disparaîtra peu à peu pour faire place à celle des conquérants, c'est-à-dire, des Chinois. C'est ainsi que la langue bretonne ou celtique est aujourd'hui presque complètement oubliée dans les départements de l'Ile-et-Vilaine et de la Loire-Inférieure ; je pourrais ajouter, de tout le nord et de tout le centre de la France. Il en a été ainsi en Angleterre, où des millions de Celtes parlent aujourd'hui anglais, et qui plus est, se moquent de leurs frères du Pays de Galles, d'Ecosse et d'Irlande qui continuent à *baragouiner* dans la langue de leurs ancêtres. C'est pour sauver la race *Miao* de l'oubli, que j'ai écrit son histoire, et c'est encore le même motif qui m'a poussé à composer le vocabulaire de la langue des *Hiai-ao*, condamnée à mort par les Chinois.

Je reviens à *Yu-lin-cang*. Sa rade intérieure était jadis beaucoup plus étendue, comme il est facile de s'en convaincre. En creusant la terre à 5 ou 6 kilomètres plus loin, on trouve, en effet, d'épaisses couches de coraux à plusieurs mètres de profondeur. Ce sont là de véritables carrières, et j'ai vu des maisons à Sama entièrement construites en blocs de coraux. A l'entrée du port de Sama, à droite, il y a des blocs de coraux de 4 ou 5 mètres d'épaisseur.

Je me suis laissé dire, qu'un Anglais aurait jadis trouvé du charbon dans ces parages, au fond de la baie de *Yu-lin-cang* ; je n'ai pas pu m'en rendre compte, n'ayant ni le temps ni les moyens de faire les sondages nécessaires pour cela.

L'escadre Russe de Rodjesvenski fit escale à *Yu-lin-cang*, à la fin de 1904 ou au commencement de 1905, avant d'aller se faire couler à Tsoushima par l'escadre de l'amiral Togo.

Un navire de guerre français, qui avait une épidémie de typhus à bord, y vint aussi jadis pour donner la sépulture à ses morts, dont on voit encore les tombes. J'ai eu l'occasion de visiter *Yu-lin-cang* et ses environs deux fois, une fois en 1925-1926, quand je suis allé au Sud pour apprendre la langue des *Hiai-ao*, ou *Day-ao*, comme ils disent là-bas, et une autre fois, en 1928, quand je suis allé, en Compagnie du Gouverneur de l'île, visiter les mines de ces régions.

L'importance du port de *Yu-lin-cang*, n'a pas échappé au Gouverneur. Une base navale établie à *Yu-lin-cang*, avec un point d'appui dans l'archipel des *Paracels*, disait-il, commanderait, non seulement le golfe du Tonkin, mais encore celle de Manille, que suivent tous les bateaux se rendant d'Europe à Hongkong et au Japon.

Ceci nous amène à dire un mot des Paracels, nid à typhons et magasin à guano. A qui appartient cet archipel ?

Les Chinois disent que c'est à eux, mais ils ne peuvent donner aucune preuve. Ils se contentent de dire que cet archipel est une dépendance de l'île de Hainan.

Les Annamites disent à leur tour que cet archipel est une dépendance de l'Annam et qu'il leur appartient, et ils montrent des permis de pêche délivrés jadis par leurs Empereurs à certains de leurs compatriotes. *Tự-Đức* ou *Minh-Mạnh*, aurait même fait construire une pagode dans l'un des îlots de cet archipel, et les ruines de cette pagode seraient encore visibles.

Il ne m'est pas permis, pour le moment, de m'étendre davantage sur cette question brûlante et délicate, et je laisse à qui de droit le soin de la trancher.

A trois kilomètres à l'Ouest de *Yu-lin-cang* se trouve le port de pêche de *Samacong*, qui fait vivre 2 ou 3.000 habitants. Sama possède des salines importantes.

A 6 kilomètres à l'ouest de *Samacong* se trouve la petite ville de *Samacai*, habitée par 4 ou 500 familles d'origine malaise, parlant encore le malais, et toutes musulmanes. Il y a quatre petites mosquées dans la ville.

Samacai est célèbre dans toute l'île et dans toute la Chine, par les crabes pétrifiés ou fossiles que l'on trouve dans un étang situé près de la ville. Ces crabes sont très estimés des droguistes chinois qui les vendent très cher. A la dernière foire de Hanoi on en vendait à une piastre pièce.

Une autre spécialité de cette localité, ce sont ses bambous, très recherchés par les fabricants des pipes à opium. On en expédie chaque année une grande quantité sur le continent. Un tube (entre-nœuds) de ce bambou, long de 25 à 30 centimètres, se vend deux piastres à Hoi-hao, dit-on, et quatre ou cinq piastres à Canton. Les Chinois prétendent que c'est le seul bambou qui n'éclate pas au passage d'un col très élevé dans la chaîne de montagnes du *Kouen-Lun*, qu'on appelle l'épine dorsale de la Chine. Ce bambou ressemble beaucoup à celui que les Annamites appellent *Cây Giang*, espèce de bambou à nœuds très espacés, autour desquels les branches poussent trois par trois.

C'est encore dans les environs de cette ville, que des Chinois m'ont raconté une autre merveille de l'île de Hainan. Il s'agit d'une espèce d'herbe aquatique, qui ayant été ébouillantée pendant trois jours consécutifs, puis mise à sécher pendant trois autres jours, se remet à pousser ensuite dès qu'on la plonge dans l'eau fraîche.

Pour une plante vivace, c'est une plante vivace, dirait un Normand!

C'est vraiment dommage que le génie de Pasteur qui a découvert tant de choses, n'ait pas trouvé le moyen de transformer le foin en herbe fraîche! Toutes les vaches de France et de Navarre en auraient beuglé d'aise!

La plage de Sama, avec son sable blanc brillant, est la plus belle de toute l'île. Elle s'étend toute droite sur une longueur de plus de 10 kilomètres, en face d'une baie aux eaux tranquilles et limpides, sans cesse sillonnée par les barques de pêche, et parsemée d'une demi-douzaine d'îlots, dont 2 sont habités. Un rocher situé à l'entrée du port, est surmonté d'un joli pagodon dont les murs blancs et la toiture rouge se détachant sur un rideau de cocotiers toujours verts, se voient de très loin en mer. Tous les bateaux qui viennent charger du sel à Sama, mouillent à ses pieds par des fonds de 9 à 10 brasses. C'est là que j'ai débarqué en 1925.

La ville de Ngai-châu, résidence d'un sous-préfet, située sur la rivière de même nom, n'est pas visible de la mer.

La baie de *Ngai-châu*, en face de deux îlots que nos marins ont appelés le Bouton et le Point de mire, n'offre aucun abri aux bateaux. Une chaîne de montagnes peu élevées et couvertes de broussailles, longe les côtes et cachent les villages de l'intérieur. Aussi les pêcheurs ne fréquentent-ils pas ces parages.

La ville *d'Augco*, située sur un rocher au bord de la mer, à l'extrémité de la Pointe Sud-ouest, compte environ 2.000 habitants, presque tous pêcheurs. Un banc de sable large de 3 kilomètres la sépare des montagnes, aux pieds desquelles il y a des salines. Cette Pointe Sud-ouest est le point de l'île le plus rapproché des côtes d'Annam, (longitude de Hatinh) 250 kilomètres environ.

Il n'y a aucun phare sur les côtes du sud, pas plus que sur celles de l'Est et de l'Ouest. Les deux seuls phares de l'île sont ceux de *Lâm-cô* et du *Cap Hainan* sur le détroit de Hainan.

Les marins qui naviguent au sud de l'île, ont, pendant le jour, un point de repère dans le pic de l'Etna qui se dresse, solitaire, à 1.514 mètres de hauteur, visible de très loin en mer.

Ce pic a passé jusqu'ici pour être le plus haut sommet de l'île. Il ne vient qu'en troisième lieu, après le *Limousan* qui mesure 1.789 mètres et après la montagne des 5 doigts (*Ngu-chi-san*) qui en mesure 1.921. Il n'est pas non plus d'origine volcanique, comme je l'ai lu dans certains livres. Il n'y a jamais eu de volcans ni au centre ni au Sud de l'île, mais seulement au Nord.

Les côtes de l'Ouest, basses et sablonneuses, sont encore assez mal connues. Elles possèdent quelques ports de pêche, dont celui de *Bac-li*, dans la baie de même nom et celui de *Chamtao*, dans la baie de *Chapu*, sont les plus importants.

Les salines de *Bac-li*, que j'ai eu l'occasion de visiter l'année dernière, sont les plus importantes de toute l'île.

Maintenant que nous avons fait le tour de Hainan et que nous en connaissons les côtes, jetons un coup d'œil rapide sur son intérieur, sur ses plaines et sur ses montagnes. Une ligne droite portant de *Lộc Hui*, à l'Est, et aboutissant dans la baie de *Chapu* à l'Ouest, en passant au Sud de *Ting An* diviserait assez bien l'île en deux zones bien distinctes, la zone volcanique et plate au Nord, et la zone granitique et montagneuse au Sud. La zone volcanique ne comprend que le tiers environ de l'île.

Cette zone est formée de terre rougeâtre, et parsemée de monticules arrondis d'origine volcanique et d'amas de scories. On y rencontre un peu partout des débris volcaniques de toutes sortes : morceaux de roches vitrifiées, pierres ponces, trachytes, bombes volcaniques, cendres, etc... Tout près de Hoihao on peut voir une longue traînée de roches basaltiques, ancienne traînée de laves devenue un véritable fleuve de pierres, dures, sonores, grises, noirâtres, les unes compactes, les autres poreuses. Aussi toutes les constructions du nord de l'île sont-elles en basalte : murs, enclos des champs, tombeaux, maisons, pagodes, portiques aux veuves vertueuses ou aux grands hommes, pavés, ponts, tours du vent du bonheur, margelles des puits, tout est en basalte.

Les principaux produits de cette zone sont : le riz, le maïs, les patates, les taros, les haricots, la canne à sucre, le manioc, le coton, le thé, le tabac, mais en petite quantité. La production du riz est loin de suffire à la consommation locale. On fait actuellement des essais de plantations de jute du côté de *Lâmcô*, de caféiers, du côté de *Lẽă mùi*, de caoutchouc, du côté de *Cachek*.

Les arbres fruitiers sont assez nombreux et variés, surtout du côté de l'ouest chez les *Ông Bè*. Les principaux sont : le bananier, le jaquier, le litchi, le pamplemousse, l'oranger, le goyavier, le longanier, le wampi, le mangoustanier, la pomme-cannelle, l'ananas et pas mal de cocotiers.

Voilà en quelques lignes, une vue d'ensemble sur le nord de l'île de Hainan, sur la zone volcanique.

Pour ce qui concerne la zone granitique, qui comprend tout le reste, soit les 3/4 de l'île, je me contenterai de citer les notes prises au jour le jour, étape par étape, au cours de mon voyage à travers l'île, du nord au sud, en passant par le massif central, voyage effectué en compagnie du Général Gaston Khiong Wong, gouverneur militaire de l'île, et de 150 officiers et soldats chinois, au mois d'octobre 1928.

10 octobre 1928. A 5 heures du soir, je reçois un mot du Général ainsi conçu : Départ fixé demain à 7 h. du matin. Rendez-vous à Phu sing — Enverrai auto vous prendre demain Hoihao 6 h. matin. Prenez le Docteur Shun au passage, à la Porte du Sud.

Jeudi 11. A 6 h 1/2, je suis exact au rendez-vous avec le Docteur Shun. Les 150 soldats de l'escorte sont déjà sous les armes sur la place devant la caserne. Plusieurs d'entre eux paraissent malingres et maladifs, et je m'étonne qu'on les fasse partir. A 7 h., 2 autobus seulement sur les 14 réquisitionnés sont arrivés ; à 9 h., on en compte 7, et on décide de partir avec une partie de l'escorte. Le reste partira quand les autres autobus seront arrivés. Nous côtoyons la rive gauche du fleuve *Kim Kiang*. Au bout d'une demi-heure, nous passons devant le nouveau camp d'aviation, sur le bord du fleuve, dans un terrain sablonneux. Une trentaine de coolies sont occupés à l'aplanir. Les hangars ne sont pas encore montés.

A 10 h., passage du fleuve sur deux bacs remorqués par deux motor boats. Nous longeons ensuite la rive droite jusqu'à *Ting An*, que nous laissons sur notre droite. Bonne route en terre rouge, mais non empierrée. Après une courte halte au marché de *Cadeng*, nous filons droit au sud dans la direction de *Léang Dô*, où nous passerons la nuit et attendrons le reste de l'escorte.

Entre *Cadeng et Lèang do* nous traversons une région entièrement basaltique. La route serpente, en certains endroits, entre deux murailles de pierres. Les aréquiers, les wampi, les litchi, les longaniers les aréquiers et les jaquiers poussent en assez grand nombre, parmi des amas de pierres, aux environs des villages.

A 3 kil. avant d'arriver à *Lèang dô*, nous perdons deux heures à traverser un bourbier où tous les autobus s'en-

Groupe de villageois venus saluer les officiers de la colonne.
Le P. Savina, au milieu.

foncent à tour de rôle jusqu'aux essieux. On arrête tous les passants pour nous aider à sortir de ce mauvais pas.

3 heures du soir, arrivée à *Lèang dô* au milieu des pétards. Les notables nous conduisent dans une vieille pagode désaffectée, toute délabrée et puant la moisissure. C'est notre gite d'étape. A 5 heures, le reste de l'escorte nous rejoint.

Une rue unique, étroite, grossièrement pavée en basalte, bordée de maisons basses, sombres et aux devantures presque vides, tel est le marché de *Lêang đô*. Aux alentours, quelques étangs ombragés de grands arbres, et quelques rizières minuscules séparées par des tas de pierres.

Le général a passé la soirée et une bonne partie de la nuit à écouter les plaintes et les desiderata des habitants. Il en sera de même à toutes les étapes. Le régime communiste de ces derniers temps a mis l'île tout sens dessus dessous.

Vendredi 12. — Départ en auto à 11 heures du matin seulement, car dans la matinée on a été obligé d'envoyer des coolies en avant pour réparer deux ponts à moitié détruits par les Communistes. A quelque distance de *Lêang đô*, la nature du terrain change subitement au passage d'un arroyo; de volcanique qu'il était sur la rive droite, le terrain est devenu granitique sur la rive gauche. Le paysage change d'aspect.

La flore n'est plus la même. Les arbres fruitiers et les rizières ont fait place aux pâturages et à des bouquets de pins solitaires au sommet de monticules dénudés et arrondis. Les villages sont rares. Plusieurs endroits seraient propices aux atterrissages d'avions. Des sommets noirs, boisés, émergent à l'horizon à l'est, au sud et à l'ouest; ce sont les premiers contreforts du massif central.

A moitié chemin entre *Léangdô* et *Namlu*, où nous allons passer la nuit, la route cesse d'être automobilable, et nous franchissons à pied les douze kilomètres qui nous séparent encore de *Namlu*. Les conducteurs des autos ont poussé des soupirs de soulagement quand on leur a permis de retourner à Hoihao.

Le marché de *Namlu* rappelle celui de *Léangdô*, mais il paraît plus propre et plus animé. Les notables suivis de toute la gent écolière nous font une réception cordiale et bruyante. Notre gîte d'étope est encore une vieille pagode. Les habitants de *Namlu* sont tout fiers d'un nouveau marché qu'ils viennent de construire et qui leur a coûté 3.000 piastres.

Samedi 13. Départ pour *Léã mũi* à 7 h. du matin, qui à pied, qui à cheval, qui en chaise à porteurs. Chacun se débrouille comme il peut. Les pauvres coolies, au nombre d'une quarantaine ouvrent la marche pour nous montrer le chemin. Même paysage que celui de hier. Des colonnes de fumée blanche montent droit vers le ciel des flancs des montagnes boisées qui bornent l'horizon. Ce sont les aborigènes *Hiai ao* qui brûlent la forêt pour y semer leur maïs. Après 3 heures de marche, on passe subitement, par un sentier en lacets, de la côte 200 à celle de 400.

Nous sommes sur le plateau de *Lẽa mũi*, qui rappelle celui du *Tran-ninh*, au Laos. Vue panoramique splendide du côté de l'ouest. Une heure après, le marché de *Lẽa mũi* se découvre subitement à nous au détour d'un sentier. Nous y pénétrons par la porte de l'ouest. *Lẽa mũi* (*leng mun*) en cantonnais, signifie: *porte des montagnes*; c'est, en effet, le dernier marché chinois avant d'arriver chez les *Hiai ao*. Il compte une centaine de maisons dont plusieurs sont assez bien achalandées. *Lẽa mũi* est connu dans l'histoire religieuse de Hainan. Les Pères Jésuites durent y séjourner quand ils dressèrent, sur la demande du Gouvernement chinois, la première carte de l'île, au XVIIe siècle. Le R. P. Mailfait, des Missions Etrangères de Paris y fonda une chrétienté en 1850, et y construisit une chapelle, que le Père Chagot, de la même Société, visita en 1874. Depuis cette époque les chrétiens de *Lẽa mũi* ne reçurent la visite d'aucun missionnaire.

Mon premier soin fut de demander aux vieux notables où se trouvait la chapelle en question. Ils firent appeler aussitôt un individu qui m'y conduisit. C'était un descendant d'anciens chrétiens, mais il n'était pas baptisé. La chapelle se trouvait à 800 mètres de là, dans un bouquet d'arbres, sur le bord d'un torrent, aux pieds d'une montagne. Elle a été transformée en maison d'habitation, et deux femmes y vannaient le riz quand j'y suis arrivé. L'autel existait encore. Comme nous étions au samedi soir, j'y fis transporter mes

Descendants d'anciens chrétiens. Le Père Savina (à gauche).

Le général Gaston Wong en voyage.

ornements pour y célébrer le saint sacrifice le lendemain dimanche.

Dimanche 14. — Le commandant *Tang*, originaire de Macao, seul catholique de la colonne, me sert la messe et fait la sainte communion. Je ne puis retenir mes larmes à la vue de la nombreuse assistance païenne venue du marché. Après la messe, le Général nous photographia tous pendant un petit déjeuner que je fis servir sur un rocher aux bords du torrent. On nous recommanda bien de ne pas nous asseoir dans l'herbe, car la région est infestée de petites sangsues des bois avec lesquelles nous ne tarderons pas à faire connaissance.

Lundi 15. — Les descendants des anciens chrétiens viennent me supplier de rester parmi eux pour les enseigner et les baptiser ; je leur réponds que c'est impossible. Nous partons à 7 h., après un long palabre du Général qui a obtenu peu de succès. Les soldats sont peu enthousiasmés. Ce voyage au centre de l'île ne leur dit rien qui vaille. Je suis persuadé que si on demandait des volontaires pour retourner à Hoi hao, ils répondraient tous oui. Plusieurs d'entre eux se font porter malades. Je leur cède ma chaise à porteurs, et marche à pied à la tête de la colonne, la boussole à la main, dans la direction sud-est.

Après une heure de marche, nous quittons subitement le plateau de *Lèã mùi* pour gagner la rivière de *Cachek*, que nous remontons ensuite dans la direction sud-ouest. Les soldats continuent à marcher silencieux et soucieux sous une pluie fine qui les pénètre. Les chinois de *Lèã mùi* leur ont raconté les histoires les plus grotesques sur le compte des *Löi* de l'intérieur. (Les chinois de Hainan ont l'habitude d'appeler *Löi* tous les individus qui ne sont pas de leur race, tant les *Ông Bè* de l'ouest que les *Hiai ao* ou les *Mán* du centre.) Ils leur ont, par exemple, fortement recommandé de ne jamais accepter un bol d'eau ou une tasse de thé chez ces aborigènes, et de s'abstenir à tout prix de se servir de leurs bâtonnets sous peine d'être empoisonnés !

En attendant, la pluie qui continue à tomber et les sangsues qui semblent sortir de terre à chaque pas, se chargent de les empoisonner. Au passage d'un torrent, qu'il fallut traverser à la nage, on entend des murmures, et le Général fait savoir qu'on s'arrêtera au premier village qu'on rencontrera. A 3 kilomètres plus loin, on fit halte dans un pauvre petit hameau où l'on eut toutes les peines du monde à pouvoir se caser. Ce hameau s'appelait *Lai chi tòng*, ses habitants pauvres comme des rats, ne purent rien nous fournir. C'est là, pour la première fois, que j'ai vu piler le riz au marteau.

Mardi 16. — On attend les coolies *Hiai ao* jusqu'à 9 h. ; ils arrivent du village de *Ca xèi tòng*, dans lequel nous allons passer la nuit. Route pénible ; montées et descentes continuelles. J'ai pitié de mes quatre porteurs, et marche à pied dès la première halte. Un soldat malade prend aussitôt place dans ma chaise. Je dis au Général qu'il est inutile de penser au futur chemin de fer du centre.

Sur notre gauche une belle cascade tombe d'une montagne appelée *Be hoa* ; sur notre droite le *Limou san* dresse son sommet boisé en partie caché par les nuages. Nous croisons des *Hiai ao* sur la route. Quand on les interroge, ils se regardent entr'eux au lieu de répondre. Nous passons à côté d'un de leurs villages ; il est entouré d'une ceinture de bambous épineux ; des troncs d'arbres sont posés près de l'unique porte d'entrée, tout prêts à la barricader en cas d'attaque.

A 3 h. du soir la tête de la colonne atteint *Ca xèi tòng*, village *Hiai ao* situé parmi les rochers sur la rive droite de la rivière de *Cachek*. Il est 5 h. quand les derniers retardataires arrivent.

Les soldats éclatent de rire en regardant les costumes pittoresques des femmes *Hiai* : un petit bandeau brodé au sommet du front, un veston descendant à la ceinture, orné de deux rangées de boutons métalliques sur le devant

Forêt du Centre.

Maison Hiai-Ao.

et de parements rouges aux manches, une jupe entièrement brodée, descendant à peine aux genoux et tellement étroite qu'elle oblige celles qui les portent à marcher à petits pas et les genoux collés pour ainsi dire l'un contre l'autre; pour monter ou pour franchir un obstacle elles sont obligées de sauter. Cette mode si incommode est vieille de plusieurs milliers d'années.

Les maisons ressemblent aux maisons chinoises, cloisons en torchis et toitures en paillote. Il faudra arriver au centre de l'île avant de trouver la vraie habitation Hiai, construite en forme de barque avec une toiture tombant jusqu'à terre de chaque côté, ce qui supprime les cloisons latérales. Je signalerai seulement ici l'existence d'une porte, commune à toutes les maisons Hiai; c'est une petite porte de derrière, faisant face à la porte d'entrée, mais cachée derrière une cloison. Les trois appartements de la maison communiquent avec cette porte par un couloir étroit et sombre. Dans les habitations en forme de barques, cette porte est pratiquée dans la toiture, et est invisible de l'extérieur. C'est une porte de sûreté permettant de gagner la forêt en cas d'attaque.

On essaie en vain de prendre quelques photographies, toutes les femmes se sauvent en courant quand on braque l'appareil sur elles.

Mercredi 17. — Départ à 8 h. On continue à longer la rivière de Cachek que l'on traverse plusieurs fois. On couchera ce soir dans un gros village *Hiai ao* où réside un de leurs chefs. On rencontre deux petits villages en route. Presque toutes les maisons sont fermées; c'est l'époque de la moisson. J'entre dans une qui était ouverte et demande de l'eau à boire. La patronne m'offre de l'eau de riz dans une coque de noix de coco; elle a refusé d'accepter une pièce de dix sous.

A 3 h. du soir, on arrive à l'étape. Le chef du village vient à notre rencontre suivi d'une bande de gamins habillés d'une ficelle et portant de petits drapeaux en papier.

5 h. du soir, pêche fructueuse à la dynamite.

8 h. feu d'artifice que j'avais apporté du Tonkin à cette intention.

De 9 h. du soir à 2 h. du matin je prends une leçon de langue Hiai ao, éclairé par une lampe en coque de noix de coco. La langue est la même que celle que j'avais apprise au sud de l'île en 1925-1926, mais il y a des différences dialectales assez prononcées. Les types aussi diffèrent, le visage est plus blanc qu'au sud. A la fin de la leçon je demande à mon professeur improvisé ce qu'il désire. Je lui donne le choix entre une piastre métallique et une paire de ciseaux tout neufs. Il opte pour la piastre, mais sa femme aurait préféré le voir prendre les ciseaux.

Jeudi 18. — Il pleut ; impossible de partir. Le Général fait marcher son phonographe pour passer le temps. Tout le monde me demande des couteaux, des ciseaux, du fil, des aiguilles.

Je remarque dans la foule, 2 enfants de 14 à 15 ans qui avaient les cheveux rouges ; j'en ai vu quelques autres dont la couleur des cheveux tirait sur le brun. Cette anomalie m'a intrigué, car les Hiai ao ont ordinairement les cheveux noirs. Leurs yeux sont gris ou noirs. Leur teint est moins jaune que celui des Chinois ; les yeux sont également moins bridés, la figure en général moins régulière et moins bouffie que chez les Chinois. Leur physionomie se rapprocherait plus de la nôtre que celle du Chinois.

La pluie ayant cessé, on part à 11 h. J'achète au dernier moment un complet de femme Hiai ao pour la somme de 20 piastres et une paire de ciseaux pardessus le marché. Au passage d'un col on aperçoit soudain le sommet de la montagne célèbre des 5 Doigts (Ngu chi san) dont les 5 aiguilles granitiques brillent au soleil. Tout le monde s'arrête pour les contempler. C'est une montagne sacrée pour les Chinois, comme pour les *Hiai ao*. Personne n'en a encore fait l'ascension. Ces Hiai ao prétendent que des esprits défendent l'accès de son sommet. Ils disent également que le trouble qui règne dans l'île est la suite d'un éboulement qui y a eu lieu il y a quelques années. En entendant les soldats émerveillés crier: *Ngu chi san! Ngu chi san!* je pensai aux Croisés saluant les murs de Jérusalem, et aux héros de la Retraite des dix-mille criant : *thalassé ! thalassé !* à la vue du *Pont-Euxin*.

A 5 h. du soir, on arrive à l'étape, au village Hiai de *Hop lau*, sur la rive droite de la rivière de *Cachek*, au pied des contreforts de la montagne des Cinq Doigts.

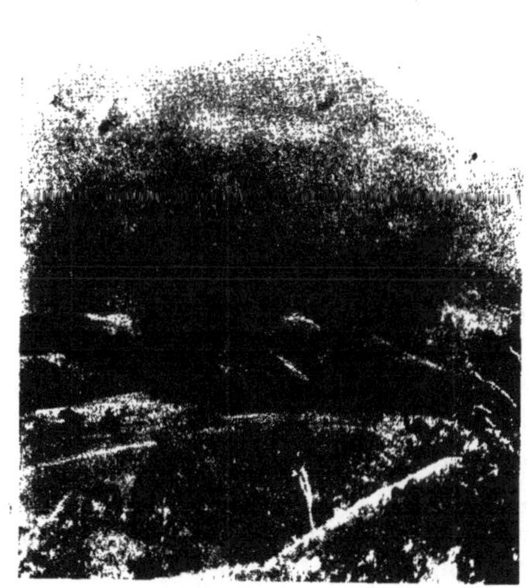

Montagne des 5 doigts (1.921 m.).

A l'approche de ces montagnes, la flore change. Les cocotiers, les aréquiers, les bambous, ont fait place aux chataigniers, aux arbrazins et aux caryotas. Des orchidées pendent aux troncs et aux branches des grands arbres au bord de la rivière.

Les cerfs abondent dans la région. Les minuscules et étroites rizières des *Hiai ao* dans les fonds des vallées et les raies des *Mán* sur les flancs des montagnes, sont entourées de solides palissades en bois blanc pour les mettre à l'abri de ces animaux. Il y a aussi beaucoup d'ours et de sangliers, mais le tigre et la panthère sont inconnus dans toute l'île.

Les *Mán* venus du continent, de la région des cent-mille-monts, depuis quelques années, se sont installés sur les hauteurs qu'ils déboisent, à l'écart des *Hiai-ao* qui habitent et cultivent les vallées. Les uns et les autres sont absolument indépendants des Chinois auxquels ils ne paient aucun impôt.

Vendredi 19. — Départ à 8 heures on longe la chaîne de montagnes des Cinq Doigts en cotoyant la rivière de *Cachek* jusqu'à sa source. Des *Hiai ao* moissonnent le riz dans la vallée. La rivière de *Cachek* et celle de *Ngai châu* prennent leurs sources à quelques centaines de mètres l'une de l'autre à 1500 mètres d'altitude, au pied des 5 Aiguilles qui réunissent leurs pointes à l'extrémité sud de la chaîne de montagnes qui porte leur nom.

La rivière de *Cachek* coule vers le nord et celle de *Ngai châu* vers le sud-ouest. A 11 h. nous franchissons le col qui sépare les bassins de ces deux rivières à 1.100 mètres d'altitude. Nous sommes arrivés au centre de l'île, où nous allons passer trois jours, dans le village *Hiai* de *Sûy mun tông*, qui signifie vallée pleine d'eau, à 4 kilomètres du col que nous venons de franchir. Ce village ne comprend pas moins de 120 familles, toutes *Hiai*. C'est le plus beau de toute l'île. Il est situé à près de 1.000 mètres d'altitude, en bordure de vastes rizières arrosées par la rivière de *Ngai châu*, et que surplombe la plus haute aiguille de la montagne des Cinq-Doigts.

Samedi 20. — Ce qui frappe le plus le voyageur en entrant dans ce village, ce sont les visages tatoués des femmes. Nous verrons plus loin la raison de ce tatouage grotesque.

Source de la rivière de Cachek.

Femmes Hai-Ao.

On passe la journée à calculer les hauteurs environnantes et à chercher les sources des rivières de *Vanning* et de *Chang pha*.

La grande aiguille des Cinq-Doigts mesure 1.920 à 1.940 mètres de hauteur. C'est le point le plus élevé de toute l'île. La rivière de *Vanning* prend sa source dans les contreforts est du massif des Cinq-Doigts, et celle de *Chang pha* dans les contreforts de l'ouest. Sur les six cours d'eau les plus importants de l'île, quatre prennent donc leurs sources dans la montagne en question. La rivière de Hoihao, le *Kim kiang*, prend sa source dans les montagnes du *Li mou san*, au nord-ouest des Cinq-Doigts. La rivière de *Lèng Sûy* sort du massif dit des Sept-doigts, situé au sud-est du massif des Cinq-Doigts.

Je consacre la nuit à l'étude des croyances *Hiai ao*. Toutes les femmes du village passent la nuit à décortiquer du riz pour les soldats.

Origine des *Hiai ao* d'après leur légende.

« Il y avait autrefois, disent-ils, sur le continent, au nord de Hainan, un grand prince qui souffrait d'une plaie à la jambe. Il fit appeler chez lui les médecins les plus renommés du royaume et promit une forte récompense en or et en argent à celui d'entr'eux qui le guérirait. Après avoir vainement employé différents remèdes, ils furent tous contraints d'avouer leur incapacité. Le prince fit alors appel à d'autres médecins, et promit de donner sa fille unique en mariage à celui d'entr'eux qui le guérirait de cette plaie qui empirait de jour en jour. Tous encore durent se reconnaître incapables. Quand ils furent partis, un chien se présenta à la porte du palais, et demanda à voir le prince, promettant de le guérir illico s'il consentait à lui donner sa fille en mariage. Le prince consentit ; le chien entra, lécha sa plaie et le guérit sur-le-champ. Mais le prince ne tint pas sa promesse, et fit mettre le chien à la porte. Celui-ci se vengea et la plaie réapparut aussitôt plus douloureuse que jamais. Ce voyant, le Prince, fit rappeler le chien qui lui dit : « je te guérirai de nouveau si tu tiens ta promesse. » Il la tint cette fois, préférant sa jambe à sa fille. Mais il dit au chien en la lui remettant : « je te donne ma fille, mais il faut que tu quittes mon royaume avec elle ». Il fit donc construire une barque couverte, la remplit de provisions, y fit conduire sa fille et le chien, puis la fit pousser au large.

Le vent du nord soufflant, la barque s'en alla vers le sud et finit par arriver à l'embouchure de la rivière actuelle de *Ngai châu*, au sud de *Hainan*, où la princesse et son chien débarquèrent. Aucun homme n'habitait l'île à cette époque. Les nouveaux débarqués se trouvèrent donc seuls. La princesse se mit à cultiver la terre et le chien de son côté se mit à chasser. Au bout d'un certain temps la princesse accoucha d'un garçon. Ce dernier grandit très vite et ne tarda pas à accompagner le chien à la chasse. Or, un jour, le chien étant malade ne voulut pas chasser. Le jeune homme se voyant dans l'obligation de rentrer bredouille, se mit en colère, frappa le chien qui mourut sous les coups. De retour à la maison il raconta à sa mère ce qui s'était passé. En apprenant la mort du chien, elle s'écria : « Malheureux, tu as tué ton père ! » L'enfant ignorait naturellement ce détail. Sa mère lui dit ensuite : « Je suis née princesse; le prince mon père habite dans les pays du nord, et je te quitte pour aller le rejoindre. Tu resteras donc seul ici maintenant, mais si plus tard tu rencontres une femme, tu pourras te marier avec elle et fonder une famille. » Ces recommandations faites, elle se dirigea vers le nord pour retourner dans son pays natal. Mais arrivée au centre de l'île, elle s'arrêta pour se tatouer le visage et se rendre méconnaissable pour son fils avec lequel elle avait l'intention de se marier. Le tatouage terminé elle retourna donc vers le sud, rencontra son fils qui ne la reconnut pas, et se maria avec lui ». Telle est la légende, et on doit avouer qu'elle est bien bizarre.

On a coutume de dire qu'il n'y a pas de fumée sans feu et qu'au fond de toute légende il y a un certain fond de vérité; cela est vrai, en général, mais dans le cas qui nous occupe, ce fond de vérité paraît bien mince et bien problématique. Ce chien-médecin y joue un rôle absolument déconcertant, et comme la saine raison exige qu'on l'élimine, il ne reste plus que le prince à la jambe gangrenée, la princesse sa fille et la barque. Nous n'avons que ces données pour résoudre le problème. Il resterait bien encore la langue *Hiai* qui aurait pu nous guider vers quelque peuplade du continent asiatique, mais je n'ai malheureusement pas pu jusqu'à présent apparenter cette langue avec aucune autre langue vivante connue. Je ferai suivre ce travail d'un petit vocabulaire pour permettre aux linguistes de faire des recherches dans ce sens, mais uniquement dans le champ des langues monosyllabiques.

Nous sommes donc réduits à faire des suppositions. Deux hypothèses me paraîtraient assez plausibles, celle d'un naufrage ou celle d'un bannissement.

Mais vers quelle époque conviendrait-il de placer l'un ou l'autre de ces deux événements? Il est impossible de fixer actuellement une date quelconque, mais il est certain que l'arrivée des Hiai dans l'île de Hainan est antérieure à notre ère. Quoiqu'il en soit de toutes ces questions, ce qui m'a surtout frappé pendant mon séjour parmi ces aborigènes, c'est l'influence que cette légende a exercée sur eux. Ainsi, par exemple, ils construisent leurs maisons en forme de barque, en souvenir de la barque légendaire; les femmes se tatouent encore le visage en souvenir du tatouage de la princesse; elles portent un diadème et des effets brodés en souvenir du diadème et des ornements de la même princesse; les femmes qui deviennent veuves sont obligées de retourner chez leurs parents pour pouvoir se remarier, toujours en souvenir de cette princesse qui voulait retourner chez son père.

Voici maintenant quelques renseignements concernant les naissances, les décès et les mariages chez les Hiai.

D'abord les *naissances*. Elles ont toujours lieu dans la cuisine. Les *Hiai* passent presque leur vie entière à la cuisine ; ils y naissent et ils y meurent, ils y mangent le jour et ils s'y couchent la nuit sur la paille. Aucune fête, aucune réjouissance n'a lieu à l'occasion des naissances. On se contente de nettoyer les nouveau-nés sans les baigner. On lie le cordon ombilical avec une ficelle et on le coupe avec une lamelle de bambou. La mère vaque à ses affaires aussitôt après sa délivrance.

Les maladies. — Ce sont les mauvais génies ou les mauvais esprits qui occasionnent toutes les maladies. On n'a jamais recours au médecin, c'est toujours le sorcier qui est appelé au chevet des malades. Pour arriver à connaître l'esprit qui a été la cause de la maladie, on emploie le moyen suivant : On prend un objet ovale, en forme d'œuf, en pierre ou en bois et on le suspend au moyen d'une ficelle au-dessus du malade ou de ses habits étendus par terre. On invoque ensuite lentement les différents esprits jusqu'à ce que, au nom de l'un d'eux, l'objet en question se mette en mouvement. Ce mouvement correspondant à l'invocation de tel esprit est toujours considéré comme un signe infaillible de son influence néfaste sur le malade. L'auteur du mal étant connu on l'apaise ou on le chasse par des simagrées, des imprécations et des sacrifices.

Décès et funérailles. — La cuisine étant l'unique dortoir chez les Hiai, comme je l'ai dit plus haut, c'est toujours en cet endroit de la maison que les décès ont lieu.

La mort ayant été constatée, on transporte le cadavre au milieu de la maison, en face de la porte principale, où les parents et les voisins viennent le pleurer.

Après ces pleurs rituels fort bruyants, on prend la mesure du corps et l'on va dans la forêt chercher un arbre que l'on creuse pour en faire un cercueil. De retour à la maison mortuaire on y dépose le corps. Tout cela doit se faire le jour ou la nuit même du décès.

Le deuxième jour est consacré au massacre des buffles et aux réjouissances. Les malheureuses bêtes destinées à être abattues sont attachées court à un pieu solide devant la maison mortuaire. Chacun (hommes, femmes et enfants) se munit alors d'une arme quelconque, couteau, hache, bâton, pieu, pierre, et en frappe l'animal jusqu'à ce qu'il tombe mort au milieu des cris de joie de l'assistance. C'est un spectacle horrible à voir! Ce qui se fait ensuite est encore plus macabre et plus navrant ; on boit, on mange, on rit, on chante, on saute, on danse, on s'amuse autour du cercueil de la façon la plus grossière et parfois la plus indécente.

Le 3e jour enfin ont lieu les funérailles. Le cercueil est porté dans la forêt, et on le descend dans une fosse profonde de 4 pieds, qu'on comble ensuite jusqu'au ras de terre. On ne rencontre aucun tombeau *(tumulus)* chez les Hiai. Seule une pierre plantée en terre indique le lieu de l'inhumation. Les funérailles ont toujours lieu dans *l'après-midi*, probablement pour permettre aux gens de se remettre de la beuverie de la veille !

Les mariages.— Les parents n'ont aucune part dans le choix de leur gendre ou de leur bru. Les mariages chez les *Hiai ao* sont toujours des mariages d'inclination, mais ils ne valent pas mieux pour cela !

Quand arrive l'époque des fiançailles, un entremetteur va remettre un bracelet à la fiancée de la part de son fiancé.

Quelques jours après a lieu le repas des fiançailles, pendant lequel les parents de la fiancée réclament 16 buffles ou 16 vaches aux parents du fiancé, qui en donnent toujours la moitié, soit 8.

Le contrat conclu, on choisit un jour faste pour la cérémonie du mariage. Au jour fixé, deux individus peints tout en noir comme des démons, et armés d'arbalètes, s'en vont chercher la fiancée.

Les repas qui ont lieu à ces occasions sont le sujet de véritables débauches pour les jeunes gens des deux sexes.

Sept jours après le mariage, les nouveaux mariés se quittent, et la nouvelle mariée ne regagne le toit conjugal que lorsqu'elle est devenue enceinte. Le même usage existe chez certaines tribus *thö*. Tristes mœurs! Reprenons le récit de notre voyage.

Dimanche 21. — Je me lève à 3h. 1/2 du matin. Le thermomètre est descendu à 10° dans la nuit. Les deux sentinelles arpentent la cour au pas gymnastique pour se réchauffer. A 4 h. je réveille le commandant pour me servir la messe. Il se fait tirer un peu l'oreille avant de sortir de ses couvertures. Le Général ronfle à poings fermés dans un coin. Les femmes Hiai, qui ont pilé du riz pendant toute la nuit, intriguées par ce réveil si matinal, viennent mettre leur nez dans les fentes des cloisons pour voir ce que nous faisions. C'était surement la première messe à laquelle elles assistaient. Comme elles causaient entr'elles tout en regardant, le Commandant pour les faire taire leur arrose le bout du nez. Vous aviez oublié de les asperger, me dit-il après la messe, en riant, et en se replongeant dans ses couvertures. Après le déjeuner, le Général va à la chasse au sanglier et moi je vais reconnaître le cours supérieur de la rivière de *Ngai châu*, en compagnie de quelques soldats. Comme j'avais pris la précaution de me munir d'une cartouche de dynamite, nous sommes rentrés avec une charge de 40 kilos de poissons, tandis que le Général rentrait bredouille.

Lundi 22. — Prendra-t-on la direction de *Ngai châu* au sud-ouest, ou celle de *Lèng Sûy* au sud-est? On se décide pour cette dernière direction, et l'on part à 9 heures avec l'espoir d'arriver dans la soirée dans le bassin de la rivière de *Lèng Sûy*, au pied de la montagne des Sept doigts (*Siết chī lẽa*). Mais après avoir fait quelques kilomètres à travers des forêts peuplées de thuyas géants, les porteurs refusent d'avancer parce qu'il fallait traverser deux villages ennemis. Il nous fallut changer de direction, et obliquer au sud-ouest, en longeant la rive gauche de la rivière de *Ngai châu*. Ce détour allait allonger notre route de deux jours.

Vers 4 heures du soir nous faisons halte dans le village *Hiai* de *Tã Hưởn*, et y passons la nuit. J'y fais la rencontre de deux *Mán* qui me disent qu'ils sont très heureux de m'entendre parler leur langue.

A la tombée de la nuit, pêche à la dynamite.

Mardi 23. — Le matin de bonne heure une vieille femme *Hiai* me présente son fils âgé d'une vingtaine d'années et me demande de l'emmener avec moi pour voir la grande ville de *Hoihao*. J'accepte, et lui donne quelqu'argent. D'autres personnes, la plupart nécessiteuses, viennent me demander quelques souvenirs. Je leur distribue du fil, des aiguilles, quelques couteaux et quelques paires de ciseaux. Leurs vêtements ne comportant pas de poches, elles accrochent ces objets aux colliers en fer blanc qu'elles portaient autour du cou.

7 h. départ. A 2 kilomètres du village, on rencontre une tête de mort empalée au bout d'un pieu au bord du sentier. Je demande à mon nouveau serviteur la cause de cette exposition macabre. C'est la tête d'un voleur de buffles, me répond-il sans s'émouvoir ; chez nous on décapite les voleurs !

Marche très pénible. Montées et descentes continuelles. Belles forêts à moitié dévastées par les Mán ; on ne voit partout que des troncs d'arbres calcinés.

De 1.000 mètres nous demandons subitement à 500 dans une plaine remplie de moissonneurs, ou plutôt de moissonneuses, car les hommes descendent rarement dans les rizières. Ce sont les femmes qui les repiquent et les moissonnent ; je ne puis pas dire qu'elles les labourent et les hersent, car les charrues et les herses sont inconnues dans ce pays. Ce sont les pieds des buffles qui les remplacent.

Cette plaine, qui est le fief d'un chef Hiai, est arrosée par le *Nam Teng*, affluent de gauche de la rivière de *Ngai Châu*, et qui prend sa source dans le massif de *Cău Khiac*, qui sépare le bassin de la rivière de *Ngai châu* de celui de la rivière de *Lèng Sûy*. Nous traverserons ce massif demain matin. Ce soir nous serons les hôtes du chef Hiai. C'est un jeune homme d'une trentaine d'années, ancien élève des Pasteurs Protestants Américains à *Phu Sing*. Il parle anglais. Il a deux femmes, protestantes comme lui, ce qui ne les empêche pas de porter des amulettes au cou et aux poignets.

Toute une armée de serviteurs sont en train de battre le riz, *au fléau*, dans la cour. A la tombée de la nuit, une autre

Troupeau de buffles.

armée de tâcherons rentrent avec des charges de bois de chauffage. Ce seigneur féodal n'est pas franc, me dit le Général; il a marché jadis avec les communistes. Mais je dois avouer, à son avantage, qu'il nous a reçus royalement, tout communiste qu'il soit ou qu'il fût.

Mercredi 24. — Départ à 8 h. on a attendu quelques porteurs pendant une heure. Quatre d'entr'eux arrivent, au pas de course, au dernier moment. Ils sont habillés d'une simple ficelle autour des reins et d'une corne au sommet du front. Le Général les photographie au passage. Hilarité générale.

La montée de la montagne de *Câu khiâc* (montagne des neuf lacets ou détours) est pénible. Je marche à pied pour ne pas fatiguer les porteurs. Au sommet, route très pittoresque en corniche sur des précipices où la rivière de Ling Sûy prend sa source. Cette route débouche sur la vallée de *Lèng Sûy* en face de la montagne des 7 doigts, à 1.200 mètres d'altitude. Panorama splendide qui arrache des cris d'admiration à tout le monde. Nous ne sommes plus qu'à 3 jours de marche de la mer, des côtes du sud ; il n'y a plus de montagnes à traverser. Les soldats sont gais et descendent la côte en chantant, jusqu'au marché chinois de *Pau-giêng-leng*, marché fortifié, comme son nom l'indique. Nous nous installons dans une grande pagode transformée depuis quelque temps en école.

Jeudi 25. — Départ à 7 h., direction est. Nous côtoyons la rivière de *Lèng sûy* que nous traversons une dizaine de fois. Paysage monotone. Tout se chinoise de plus en plus, maisons et costumes. Toutes les femmes portent des cheveux courts.

À 4 h. du soir nous arrivons au village *Hiai* de *Mùi lài*, après s'être égarés dans les hautes herbes pendant plus d'une heure.

Vendredi 26. — Départ à 6 h. on doit arriver ce soir à Lèng Sûy après une étape de 35 kil. À quelques centaines de mètres du village nous perdons 3 heures au passage de la rivière, large et profonde en cet endroit. Un soldat a failli se noyer. Pendant qu'on court à son secours, deux de mes porteurs prennent la clef des champs. La rivière une fois passée, nous en côtoyons la rive droite ju'qu'à *Lêng Sûy*, à travers une terre sablonneuse. Région pauvre. La rive gauche au contraire est riche et couverte de forêts de cocotiers. La garnison de Lêng Sûy est sortie à notre rencontre. Il fait nuit noire quand nous arrivons aux portes de la ville.

À 10 h. du soir on nous signale la présence d'une bande de communistes dans les environs. A minuit les soldats repartent pour essayer de les surprendre, puis rentrent à 5 h. du matin sans avoir pu les rejoindre.

Samedi 27. — Notre cantonnement est encore une ancienne pagode transformée en yamen d'un sous-préfet. De tous les sous-préfets de l'île, c'est celui dont j'ai gardé le meilleur souvenir. J'occupe, avec le Commandant, une belle chambre où je suis bien tranquille pour dire la messe.

Après le déjeuner on me donne une escorte de miliciens pour aller reconnaître l'embouchure de la rivière ; elle est complètement obstruée par des rochers. Près de là on me montre une masure où les communistes avaient massacré deux pauvres pêcheurs paisibles quelques jours auparavant. Partis en sampan, nous revenons à pied à travers une forêt de cocotiers.

Dimanche 28. – Après la messe, visite de la ville, où les traces des communistes sont visibles partout. Des remparts il ne reste plus que les portes monumentales qu'ils n'ont pas réussi à démolir.

Lundi 29. — Départ à 3 h. du matin par un beau clair de lune. Un petit vapeur nous attend dans la lagune de *Tchu chi*, à 15 kilomètres à l'ouest de *Lèng Sûy*. Les grandes jonques saluent notre arrivée par des salves d'artillerie.

A 8 h. du matin on lève l'ancre et à 11 h. du soir nous mouillons à l'embouchure de la rivière de *Vun siò*, dans le petit port de *Chin lån*.

Mardi 30. — Partis de *Chin lån* à 8 h. du matin, en auto nous arrivons à *Hoihao* à 3 h. du soir, après une absence de 20 jours.

Je demande, en finissant, au Général Gaston kh. Wong, de me permettre de le remercier ici de toutes ses amabilités à mon endroit pendant tout le cours de ce voyage. Je lui demande également de vouloir bien être assez bon pour me rappeler au bon souvenir de tous ses aimables officiers. Je le prie de croire, enfin, que j'ai été profondément attristé d'apprendre dernièrement que quelques uns des braves soldats qui nous avaient accompagnés sont décédés, des suites de leurs grandes fatigues, quelque temps après leur retour.

Le Général Gaston Wong allant à la chasse.

PETIT VOCABULAIRE HIAIÀO

Hiai	Français
Cứ	Un
Dàu	Deux
Sủ	Trois
Sào	Quatre
Má	Cinq
Nốm	Six
Thú	Sept
Đú	Huit
Pơừ	Neuf
P'uốt (1)	Dix
Cứ đán	Cent
Cứ nguốn	Mille
Đú ; hau	Moi
Mừ ; mớư	Toi ; vous
Nêi ; na	Lui; elle
Ào	Homme (homo)
Phả mán	Homme (vir)
Mëi kháu	Femme
Đày ào ; hiày ào	Un đày ; un hiày
Mói ào	Un chinois
Lào ào	Un étranger

(1) Tous ces mots appartiennent au dialecte parlé dans le sud de l'île ; dans le dialecte du centre on compte un peu différemment : *ứ. trán, sủ, sỏ, pả, tôm, thau, au, phớư, phuôt*. Les différences dialectales sont comme on le voit assez sensibles, mais j'ai cru ne pas devoir en tenir compte dans ce vocabulaire. Tous les mots sont pris indifféremment dans l'un ou l'autre dialecte.

Hiai	Français
Đái ; hái	Fer
Đuống	Cuivre
Nghến ; cán	Argent
Nghèn ; cẩn	Herbe
Mã ; pă	Chien
Ngá ; cá	Cheval
Nhíu	Bœuf
Túi	Buffle
Dướn ; plống	Maison
Dán ; phan	Terre
Nòm ; nàm	Eau
Trai ; dai ; lai	Beaucoup
Dai da ; trai la	Combien
Ngảo ; pö	Peu
Siến	Pierre
Sáy	Arbre
Ngủn	Bois de chauffage
Vèng	Habit
Hú ; kháu	Pantalon
Sát vèng ; sít vèng	S'habiller
Sát	Acheter
Đìu	Vendre
Khuòng ; póư	Savoir
Dụ ; đuộc	Avoir
Trím ; èm ; cá ; vễi ; ảo	Non ; pas
Dá ; thựa	Craindre
Hèi ; phêi	Aller

Hiai	Français
Trim ; ém ; cá ; vẽi ; ao	Non ; pas
Đá ; thựa	Craindre
Hèi ; phèi	Aller
Cuốn	Chemin
Chẳm cuốn	Marcher
Dàu da ; cư la	Où
Mồm ; pám	Bouche
Dàu ; phố	Tète
Tồm ố ;	Cheveu
Muồm ; pướm	Barbe
Giáy ; thay	Oreille
Sá	Œil
Khét	Nez
Mơư ;	Main
Khốc	Pied
Mườn ; pơư	Revenir ; retourner
Lâu ; khâu	Manger
Ốc ; giuốc	Boire
Lâu thá ; khâu thá	Manger le riz
Ốc ngảo	Boire du vin
Mắm ; ám	Viande
Đá ; tla	Poisson
Nâ ; tâ	Rizière
Mốc ; cốc	Paddy
Đốp ; phạp	Riz (blanc)
Đơư	Donner
Hang ; vố	Montagne

Hiai	Français
Khán	Monter
Luối ; tẩn	Descendre
Viú ; vẩn	Vent
Xốc	Avoir mal
Pà	Ciel
Sàu	Chaud
Khảy	Froid
Pèi ; phêi	Feu
Đốp ; ớư	Toile
Sèà	Papier
Lay	Loin
Lờư ; plờư	Près
P'ến	Dent
Thèng ; giếng ; tlèång	Doigt
Điền	Langue
Dảy	Intestin
Bóng ; pọc	Ventre
Đrự ; phướć	Os
Đạt ; tlạt	Sang
Séng	Fleur
Som	Fruit
Nang ; nong	Peau
P'ét ; thuốt	Entrer
Thướn	Sortir
Xốm ; thốm	Porte
Làng thá ; đăng thà	Cuire le riz
Pồn ; bèn	Table

Hiai	Français
Áo ; voao	Bol
Úi ; duŏi	Graisse
Mău	Porc
Chuồng	S'asseoir
Ớư ; vớư	Se lever
Vụ ; vộc	Faire
Uốt ; voăi	Laver
Dáng	Figure ; visage
Vến	Jour
Sáp ; sốp	Nuit
Huốn	Le corps
Nhào	Sel
Béo ; tleng	Chapeau
Dai	Ficelle ; corde
Thún ; bău	Coupe
Dắn ; lòn	Bambou
Tạt	Oiseau
Tấn ; tèn	Attacher
Thào	Détacher
Già ; thà	Serpent
Bến ; bín	Voler ; s'envoler
Phị	Aile
Sút	Queue
Giăo ; tăo	Rire
Nghềi	Pleurer
Thần	Mordre
Tháy	Frapper

Hiai	Français
Kháo	Blanc
Dám	Noir
Tlạ ; dèng	Rouge
Khíu	Vert
Dớư ; ơư	Mince
Na	Épais
Hău	Tuer
Kháy	Poule
Lâng	Mer
Đá	Barque
Hàn ; voán	Salé
Già	Rivière
Deng	Doux
Nhao	Sel
Nhân	Mois
Mău ; pàu	Année
fan ; kíu	Regarder
Lái ; suòng	Voir
Gièng	Ecouter
Lờư ; plơư	Entendre
Hịt ; diến ; bân	Parler
Pà p'un	Pleuvoir
Hún	Plume ; poil
Nôm ến	Sueur
Thèò	Voix
Luông	Grand
Tịk ; tộk	Petit

Hiai	Français
Xốc dến	Avoir faim
Cứ bởư ; ư cải	Une fois
Pëi ; phëi	Feu
Phạ ; p'ét	Élevé
Thờư	Bas
Táo ; nào	Long
Thắt	Court
Máo ; nàm máo	Couler ; l'eau coule.
Mën ; pán ; cáng	Mouillé
Đao ; khớư	Sec
Tlong	Le cou
Khốm	Démanger
Kháy	Compter
Cụt	Aiguille
Dáo	Couteau
Phà ; bà	Père
Mëi ; pỉ	Mère
Thự	Natte
Dốm ; thui	Mourir
Tlến ; đín	Bon
Đin	Clair
Giạ ; tẹk	Mauvais
Nhài	Arracher
Khún	Lourd
Khơư	Léger
Gam	Demander
Tờư	Montrer

Hiai	Français
Dắc ; tlọ	Profond
Gắn thứn	Pas profond, bas
Mái	Canne à sucre
Háu túi	Corne de Buffle
P'ơư ; tha	Échelle
Vin ; vắn ; đẹk	Nuages
Khuốn	Avant ; devant
Dùi	Derrière ; après
Tháu	Marmite.
Thun vến	Midi
Thun Sốp	Minuit
Vùng víu	Éventer
Déng ; hëng	Boiter
Tĩu ; níu	Rat ; souris
Giườm kháy	Œuf de poule
Mán	Neuf ; frais
Khâu	Vieux ; usagé
Pui	Cuit
Phiẹp	Cru
Kháng ;	Ouvrir
Và	Fermer
Hướt Khồm	Se gratter
Lào ;	Étoile
Dáo ; xón	Dur
Puốt ; phọc	Mou, tendre
Giòm ; òni	Avaler
Luòn ; pluòn	Rond

Hiai	Français
Bọc	Fatigué
Vạ ; vẹng	Banane
Vom ; pău	Farine ; cendre
Càm	Souliers
Cứ hám	Un pas
Sóng	Peser
Cứ kĕi	Un instant
Cùi đớm	Sur le point de mourir
Chiu hĕi	Sur le point de partir
Bòng	Aider
Bòng thàng	S'entr'aider
Khớư	Aimer
Mà	Dette
Hật lău	Mendier
Chí	Lait
Phay níu	À droite
Phảy viếng	À gauche
Vặt	Arbalète
Aú	Abcès
Te nghến	Emprunter de l'argent
Ồm	Embrasser ; baiser
Tạ	Mâcher
Siĕng vèng	Sécher les habits (à l'air)
Khẫu	Force
Hái	Flairer
Ngọ họ	Se souvenir
Suồng	Trou

Hiai	Français
À da	Qui ; lequel
Nớır	Dessus ; sur
Sau	Dessous ; sous
Háu nác	Joue
Hán	Fumée
Lốc tàng	Arachide
Giự	Tabac
Dùng	Se servir de
Giáu dốp	Vanner le riz
Xạ mốc	Piler le riz
Èng duống ; è ọ	Frères
Ềi duống	Sœurs
Mũn	Mandarin
Mú	Bouger
Kháy hăn ; kháy doăn	Chant du coq
Dạ máu	Crapaud
Dự giét	Grenouille
Gík	Herser
Nhán din	Clair de lune
Cứ pĩ	Une charge
Sỏn	Déposer
Lễi	Nager
Pèn	Poitrine
Sùn	Dos
Cứ dãi	Une rangée
Đí ; nũng	Petit enfant
Khóp	Rencontrer

Hiai	Français
Vàng vớư	Ombre
Óp	Désirer
Giự	S'amuser
Ĭ	Déchirer
Cờư	Scier
Cử ồi	Maïs
Cứ pá thá	Une bouchée de riz
Đồi	Cerf
Vắt hớư	Âme
Pèi chó	Foyer
Kê đốp	Tisser
Múi	Ours
Thoả	Lièvre
Nục	Singe
Dít	Champignon
Tẹ	Défaire ; démolir
Lướm	Oublier
Đrang	Rôtir
Mé	Prendre
Nồm siêng	Eau claire
Nồm nuống	Eau trouble
Nẳn	À temps
Hốm đờư	Nombril
Liú	Bru
Tớư	Gendre

FIN

IMP. D'EXTRÊME-ORIENT,
HANOI-HAIPHONG. — [illegible]

www.ingramcontent.com/pod-product-compliance
Ingram Content Group UK Ltd.
Pitfield, Milton Keynes, MK11 3LW, UK
UKHW021651260726
13994UKWH00003B/1399